Chapman, Lynne
    Cuando no estás mirando / Autor e ilustrador Lynne
Chapman ; traductor María José Montoya. -- Bogotá :
Panamericana Editorial, 2007.
    24 p. : il. ; 25 cm.
    ISBN 978-958-30-2606-5
Cuentos infantiles ingleses 2. Animales - Cuentos infantiles
3. Cuentos humorísticos I. Montoya, María José, tr. II. Tít.
I823.91 cd 21 ed.
A1136410

CEP-Banco de la República-Biblioteca Luis Ángel Arango

¡Cuando no estás mirando!

Para John,
por su apoyo constante y su paciencia
más allá del deber, con todo mi amor,

Lynne

Primera edición en Panamericana Editorial Ltda., diciembre de 2007

© 2007 Alligator Books Ltd
Creado y producido por Gullane Children's Books
Un sello editorial de Alligator Books Ltd
Winchester House
4th floor, 259-269
Old Marylebone Road
London NW1 5XJ
www.pinwheel.co.uk
Textos e ilustraciones © Lynne Chapman, 2004

© Panamericana Editorial Ltda.
Dirección editorial: Conrado Zuluaga
Edición en español: Diana López de Mesa Oses
Calle 12 No. 34-20. Tels.: 3603077 – 2770100
Fax: (57 1) 2373805
panaedit@panamericanaeditorial.com
www.panamericanaeditorial.com
Bogotá D.C., Colombia

Traducción al español: María José Montoya Durana
ISBN: 978-958-30-2606-5

Impreso por Panamericana Formas e Impresos S.A.
Calle 65 No. 95-28. Tels.: 4302110 – 4300355. Fax: (57 1) 2763008
Bogotá D.C., Colombia
Quien sólo actúa como impresor.

Impreso en Colombia
Printed in Colombia

¡Cuando no estás mirando!

Lynne
Chapman

PANAMERICANA
EDITORIAL

Las cosas, a veces,
        parecen normales,
en escenas usuales,
        vemos animales.

Pero

un demente grupo,
        son estas criaturas,
que en el bosque
        o el campo,
siempre hacen locuras...

...¡cuando
        no estás
                mirando!

Los
rinocerontes,
en valles y montes,
revolcarse aman
en lodos que
embarran...

Pero
algunos árboles,
suelen usar,
como trapecios
para volar...

...**¡cuando
no estás
mirando!**

7

Como ya lo sabemos,
todos los
murciélagos,
de sus patas cuelgan,
para dormir
en las ramas.

Pero nadie nota
lo que más les gusta:
usar un sombrero
sea fez o vaquero...

...¡**cuando
no estás
mirando!**

La gente indiscreta,
en ocasiones comenta,
que los **cerdos**
son gordos y tercos.

Pero

ellos realmente,
diligentemente,
están en la onda
e imponen la moda...

...¡**cuando
no estás
mirando**!

Ninguna **Lombriz**
parece feliz,
porque no sonríen
ni hacen festines.

Pero si se ponen
unos falsos dientes,
orgullosas lucen
muecas imprudentes...

...¡cuando
no estás
mirando!

12

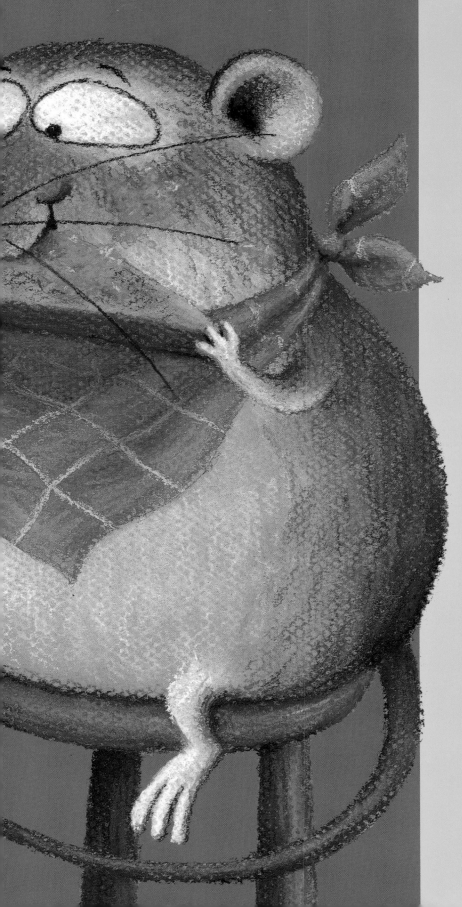

Los amigables **jerbos**
solos o con compañeros
disfrutan los juegos,
los cantos e inventos.

Pero

en las mañanas,
lo que más les agrada
es comer tostadas
y pan con mermelada...

...**¡cuando
no estás
mirando!**

15

Entre sus tareas
las **vacas** lecheras
andan ocupadas
rumiando acostadas..

Pero

así no se pueda probar,
pueden cocinar
un delicioso pastel
con harina y con miel...

...**¡cuando
no estás
mirando!**

Los lindos
caracoles
de muchos colores
aunque estén atentos
son siempre muy lentos.

Pero en silencio,
y con mucho ingenio,
hacen carreras
de muchas maneras...

...¡**cuando
no estás
mirando!**

19

Las pequeñas
gallinas
andan muy contentas
buscando maíz
en el prado del jardín.

Pero muy discretas
usan las coquetas,
cohetes para viajar
y el espacio explorar...

...¡cuando
no estás
mirando!

¡Ahora que lo sabes, únete a estos personajes!

FIN